P9-DNU-982

Minna no Nihongo
みんなの日本語初級II

聴解タスク25

牧野昭子・田中よね・北川逸子　著

WITHDRAWN

スリーエーネットワーク

©2005 by Makino Akiko, Tanaka Yone and Kitagawa Itsuko

All rights reserved. No part of this publication may be reproduced, stored in a retrieval system, or transmitted in any form or by any means, electronic, mechanical, photocopying, recording, or otherwise, without the prior written permission of the Publisher.

Published by 3A Corporation.
Trusty Kojimachi Bldg., 2F, 4, Kojimachi 3-Chome, Chiyoda-ku, Tokyo 102-0083, Japan

ISBN978-4-88319-337-0 C0081

First published 2005
Printed in Japan

FLIP

はじめに

　外国語を聞いて理解することは、話すことと同様、時には話すことより難しいと言われます。もちろん、個人差もあり、どちらが難しいかを単純に比較することはできませんが、聞き取りを苦手とする学習者が多いことは確かなようです。

　この教材は、「みんなの日本語」を使って日本語を教えている現場からの「学習内容に沿った聞き取り練習のできる教材が欲しい」という声に応えて作成したものです。

　一般的に、聞く力を養成するには、わからない部分があっても、必要な情報を捉えることが大切で、内容をおおまかに掴む練習が必要だと言われています。しかし、初級の段階では未習の文型や表現・語彙の入ったものを聞き、その中で必要な情報を取り出すという作業は、学習者にとっては負担が大きく、意欲、自信共にそいでしまうことにもなりかねません。また、文の意味の把握を類推に頼るあまり、文構造の正しい理解が不十分になり、思わぬ誤解につながってしまうということもあります。正しく聞き取る力を養うためには、ポイントを掴む練習と共に、細部まできちんと聞き取る訓練も必要だと言えます。

　この教材は、「みんなの日本語初級Ⅱ」で学習した文型、語彙を使うことにより、学習者が無理なく聴解能力を向上させることを目的に作成しました。学習者が会話の当事者の立場に立って聞けるような場面や状況を設定し、その中で必要な情報を捉えるタスク中心の問題をできるだけ多くしてあります。日本語を聞いて理解できる喜びと楽しさを味わいながら、聞き方のコツを身につけることを狙った教材です。学習の現場で活用していただけることを願っております。

　この聞き取り教材作成及び出版に際し、お世話いただいた菊川綾子さんほか、いろいろな方にご協力いただきました。この場をお借りして、お礼申し上げます。

　2005年2月

　　　　　　　　　　　　　　　　　　　　　　　　　　　　　　著者一同

この教材をお使いになる先生方へ

この教材の特色

1. この教材は「みんなの日本語初級Ⅱ」に準拠した聞き取り教材です。したがって、この教材の各課の内容は「みんなの日本語初級Ⅱ」各課の学習項目に対応しています。

   各問題は各学習項目を一つずつ扱っているので、学習した文型それぞれに聞き取りタスクができるようになっています。「みんなの日本語」以外の初級教科書をお使いの場合は、どの文法項目がどの問題で扱われているかを目次で参照の上、対応してください。

2. 原則として、文型、語彙・表現は「みんなの日本語初級Ⅱ」の該当の課で学習したものまでを扱っています。ただし、未習の語彙でも、日常生活でよく使われている「コンビニ」「イーメール」などを扱っている問題があります。それらは訳（英語、中国語、韓国語）と共に提出してあります。

3. 聞き取る会話はできるだけ、学習者が会話の担い手となるような状況を設定しました。もちろん学習者の立場は学生、社会人などさまざまですが、日本人を相手に、あるいは外国人同士でも日本語を媒介語として成り立つコミュニケーション場面を採用するようにしました。したがって、聞き取りの練習と共に、日本語での会話の進め方を耳で覚えるという副次的な効果も狙っています。

4. 問題には、絵を選ぶ、必要な語彙や数字を書く、文を完成する、適切な応答文を選ぶなど、いろいろな形式があります。いずれも、どんな情報を聞き取ればいいかは問題文に示してあります。

5. 各文法項目に対応した問題が揃えてあるので、授業では文型導入、あるいは学習後の確認作業にも使えますし、初級を終了した学習者にも復習教材として使用できます。また、聞き取る会話の内容を使って、クラスでの発話活動をはじめ、さまざまな教室活動に応用できるものもあります。

基本的な使い方

　各問題が扱っている項目を学習した後で、CDを聞かせてください。学習したすぐ後より、何日かおいて聞かせるほうが、復習にもなりますし、語彙・文型の定着にもよいようです。

　教室で使う場合は、問題の難易度、学習者のレベルによって、所要時間が異なります。各課、20分から40分程度を一応の目安にしています。

手順

１．問題文を読ませて、何を聞き取ればいいか、確認してください。

２．未習語彙は訳が載っていますから、確認してください。

　　　「みんなの日本語」以外のテキストをお使いの先生方は、別冊スクリプトを見て、未習語彙がないかどうか、確かめてください。未習語彙がある場合は、学習者の負担の程度によって、「みんなの日本語初級Ⅱ翻訳文法解説」の各国語版などを参考に、適当な手当てをしてください。

３．絵や図や表などがあったら、どんな場面か、何を示しているか、考えさせてください。

４．語句や数字を書き込む問題の場合は、文を読み取る時間を取って、意味を考えさせてください。

５．「例」を聞かせて、やり方を確認してください。

６．原則として、一続きの会話は途中で切らずに聞かせてください。もう一度聞かせるときも同様です。

７．答えを書かせるときは、CDを一時停止して、書く時間を与えてください。

８．CDを最後まで聞いたら、答えを確認します。間違えていたら、その問題の会話をもう一度聞かせます。わからない部分があったら、止めて聞き直しても構いません。どうしてもわからないときは、別冊スクリプトを参考にしてください。

学習者の皆さんへ

　これは「みんなの日本語初級Ⅱ」に準拠した聞き取り練習の教材です。外国語を聞いて理解することは難しいことですが、まず、その音に慣れ、必要な情報を聞き取る訓練を少しずつ重ねることが大切です。

　この教材では、「みんなの日本語」を使って日本語を勉強している人たちが、学習の進度に合わせて、習ったことばや文型を使って聞き取る練習ができるようになっています。もちろん、他の教科書を使って勉強している人たちも、学習した文法項目に合った問題を選んで練習できます。

　学習したことが聞いてわかるようになるのは楽しいことです。毎日、続けましょう。

使い方

1．問題文を読んでください。何をポイントに聞いたらいいか、書いてあります。

2．CDを聞きながら、問題をします。「例」がついていますから、最初に「例」をよく聞いて、問題のやり方を理解してください。

3．絵や図があったら、よく見てください。どんな場面か、何を示しているか、考えてください。

4．文の中の（　）に書き込むときは、まず前後の文を読んでください。

5．問題と問題の間のポーズは、必ずしも十分な長さではありませんから、適当に止めて答えを書いてください。

6．1回でわからないときは、2～3回聞きなおしてください。

7．答えが正しいかどうか、「答え」のページでチェックしてください。

8．何回聞いてもわからないときは、別冊に音声スクリプトが載っていますから、参考にしてください。

＊どの問題も原則的に習ったことばだけが使われていますが、新しいことばが出てくることがあります。その場合は、訳（英語、中国語、韓国語）や絵が載っていますから、参照してください。

To the Learner

This is a listening comprehension exercise textbook for use with *Minna no Nihongo II*.

It is difficult to understand a foreign language when listening to it, especially at the early stages. Therefore, it is important, first of all, to become used to the sound of the language, and then to gradually build up the ability to pick out important bits of information through repeated listening.

This textbook has been made to match the degree of progress of learners using *Minna no Nihongo*; consequently, they can practice listening to the words and sentence patterns they have just studied. Of course, by selecting relevant grammatical items, it can also be used by those using other textbooks.

Becoming able to hear and understand what one has studied is an enjoyable process. With this book, we hope you can continue this process every day.

How to Use This Book

1. Read the questions. Important points you should listen for will be indicated.
2. Answer the question as you listen to the CD. Listen to the example at first, and you will clearly understand how to answer the question.
3. Look closely at any pictures or diagrams on the page. Consider the type of situation or what is trying to be expressed.
4. For sentences in which you have to write words or expressions in brackets, make sure you read the complete sentence before doing so.
5. The pause between questions is not very long. If necessary, stop the CD while you write your answers.
6. If you do not understand what is being said the first time you listen, listen to it two or three times.
7. Refer to the answer page to check your answers.
8. If after listening many times, you still do not understand, please refer to the separate CD booklet.

＊While the questions basically use the vocabulary studied in the main text, occasionally new words will appear. For such words, please refer to the translation (English, Chinese and Korean) or the accompanying picture.

致学习者们

　　本书是根据《みんなの日本語初級Ⅱ》编写的听力练习教材。

　　要听懂外语不是一件容易的事情，首先要熟悉其发音、反复进行收听各种信息的训练，对于提高听力来说，这是十分重要的。

　　本教材是为使用《みんなの日本語初級Ⅱ》学习日语的人能够根据自己的学习进度，运用学过的单词、句型进行听力练习而编写的。当然，使用其他教科书学习的人也可以从本教材中选择与自己学过的语法相应的项目进行练习。

　　自己学过的内容逐渐可以听懂了，这是一件非常愉快的事情。让我们天天来练习吧，持之以恒，必有成效。

使用方法

1．请先看问题。问题提示了什么是听时的重点。
2．一边听 CD，一边做问题。各题均有例句，请先仔细听例句，了解问题的做法。
3．带有图和画时，要仔细看。想一想这是什么场面，表示的是什么?
4．在填写句子中的(　)时，请先读一下前后的文章。
5．问题与问题之间的提问间隔并不一定很长，所以可以适当地把 CD 停下来写答案。
6．一遍没听懂时，请再听第二遍、第三遍。
7．请对照解答确认自己的回答是否正确。
8．反复听几遍后仍然听不懂时，请参考另册所载 CD 内容。

※所出问题原则上使用的都是学过的单词，但也会有一些新单词出现。凡是新单词都附有可做参照的翻译(英语、中文、韩语)及插图。

학습자 여러분에게

　이것은「여러분의 일본어 초급II」를 기준으로 한 듣기 연습 교재입니다. 외국어를 듣고 이해하는 것은 어렵습니다만, 우선 그 언어에 익숙해 지고 필요한 정보를 듣는 연습훈련을 조금씩 반복해서 듣는 것이 중요합니다.

　이 교재에서는「여러분의 일본어」를 사용하여 일본어를 공부해 온 분들이 학습진도에 맞추어서 익힌 단어나 문형을 사용하여 듣기 연습을 할 수 있도록 되어 있습니다. 물론 다른 교과서를 사용하여 공부하고 있는 분들도 학습한 문법 항목에 맞는 문제를 선택하여 연습할 수 있습니다.

　학습한 것을 듣고 이해할 수 있게 되는 것은 기쁜 일입니다. 매일 계속합시다.

사용방법

1．문제의 문장을 읽어 주십시오. 무엇을 포인트로 들으면 좋은지 쓰여 있습니다.
2．CD를 들으면서 문제를 풉니다.「예」가 있기 때문에 먼저「예」를 잘 듣고 문제 푸는 방법을 이해하여 주십시오.
3．그림이나 도표가 있으면 잘 보아 주십시오. 어떤 장면인가, 무엇을 나타내고 있는가를 생각하여 주십시오.
4．문중의 (　)에 써 넣기 문제는 우선 전후의 문을 읽어 주십시오.
5．문제와 문제사이의 시간은 반드시 충분하다고 할 수 없으므로 적당하게 끊어 가면서 대답을 써 주십시오.
6．1회 듣고 잘 이해하지 못하였을 때는 2〜3회 다시 들어 주십시오.
7．대답이 바른지 어떤지는「해답」페이지에서 확인하여 주십시오.
8．몇 번 듣고도 잘 모를 때에는 별책에 CD 내용이 실려 있으므로 참고로 하여 주십시오.

＊모든 문제는 원칙적으로 배운 단어만을 사용하고 있습니다만 새로운 단어가 나오는 경우가 있습니다. 그런 경우, 번역(영어, 중국어, 한국어)이나 그림이 실려 있으므로 참조하여 주시기 바랍니다.

目次

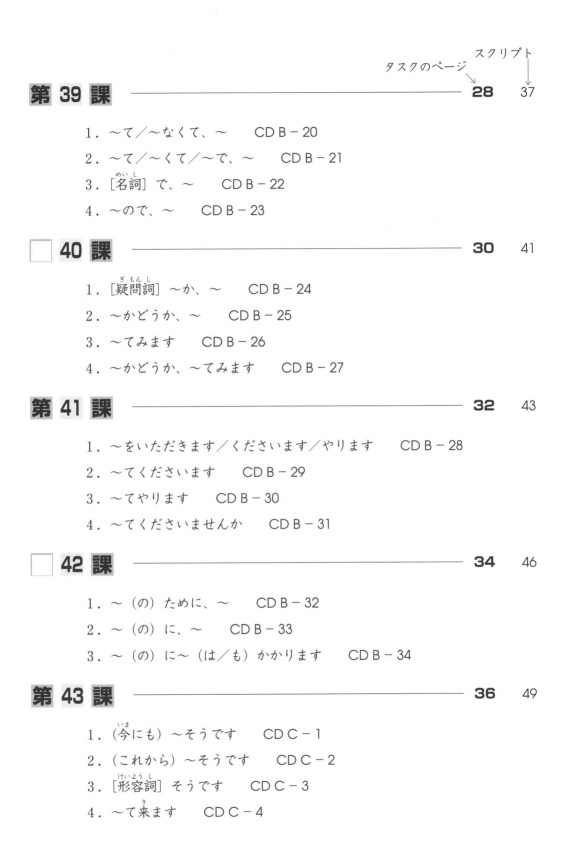

第 26 課

1. 会社の人はどうですか。どうしてですか。 CD A-2

例）（ a ）…[④]

1）（   ）…[   ] 2）（   ）…[   ] 3）（   ）…[   ]

＜どうですか＞

＜どうして＞

2. 学生はいろいろなことをします。どうしてですか。 CD A-3

例）タワポンさんは宿題を ｛ⓐ. しませんでした　 b. しましたが、忘れました｝
から、月曜日に出します。

1）ジャンさんは ｛a. 都合が悪いです　 b. おなかが痛いです｝ から、早く帰り
ます。

2）ミゲルさんは ｛a. 遊びに行きます　 b. 柔道を練習します｝ から、急いで
います。

3）エドさんは ｛a. 両親が来ます　 b. 漢字の試験があります｝ から、月曜日
休みます。

3. どんな問題がありますか。
その問題をどうしますか。 CD A-4

説明書	カレンダー
explanatory booklet	calendar
说明书	日期表
설명서	달력

例)（ ① ）｛a. 自分で直す　　b. 鈴木さんに見てもらう｝

1)（　 ）｛a. 鈴木さんと行く　　b. 一人で行く｝

2)（　 ）｛a. 鈴木さんと探す　　b. 自分で探す｝

3)（　 ）｛a. 掃除の人に聞く　　b. カレンダーを見る｝

4. カリナさんは日本についていろいろなことを知りたいです。
どこへ行ったらいいですか。どうしたらいいですか。 CD A-5

例)（ d ）…[⑥]　1)（　 ）…[　]

2)（　 ）…[　]　3)（　 ）…[　]

剣道	
Japanese art of fencing	
剑术	
검도	
クラブ	茶道
club	tea ceremony
俱乐部	茶道
부(클럽)	다도
センター	～教室
center	～class
中心	～学习班
센터(회관)	교실

①電話で申し込む
②図書館で調べる
③貸してもらう
④紹介してもらう
⑤買う
⑥頼んでもらう

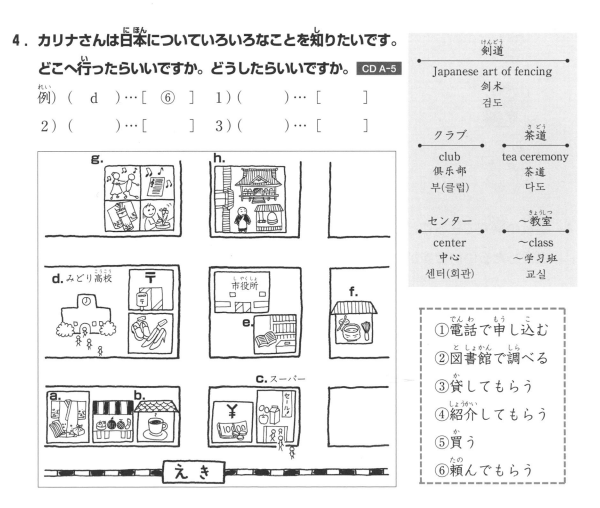

第 27 課

剣道(けんどう)	メーキャップ
Japanese art of fencing	makeup
剑术	化妆
검도	메이크 업

1. 留学生(りゅうがくせい)がビデオ映画(えいが)を作(つく)ります。どの仕事(しごと)をだれがしますか。どうしてですか。 `CD A-6`

例(れい))📖 ・

①タワポン・ ・a. お話(はなし)が書(か)ける

(1)📹 ・

②キム ・ ・b. ビデオが撮(と)れる

(2)侍(さむらい)

③ミゲル・ ・c. 高(たか)い声(こえ)で話(はな)せる

(3)お姫様(ひめさま)

④カリナ ・ ・d. 速(はや)く走(はし)れる

(4)忍者(にんじゃ)

⑤ジャン ・ ・e. 絵(え)がかける

(5)💄 ・

⑥エド ・ ・f. 剣道(けんどう)ができる

管理人(かんりにん)	インターネット
warden	Internet
管理员	英特网
관리인	인터넷

2. 会社(かいしゃ)の寮(りょう)でできることは何(なん)ですか。できないとき、どうしたらいいですか。 `CD A-7`

	できる?	どうしますか
例(れい)1) インターネット	○	―
例(れい)2) 夜(よる)、洗濯(せんたく)する	×	休(やす)みの日(ひ)にする
1) 部屋(へや)でパーティーをする		
2) 部屋(へや)で料理(りょうり)をする		
3) 友達(ともだち)が寮(りょう)に泊(と)まる		

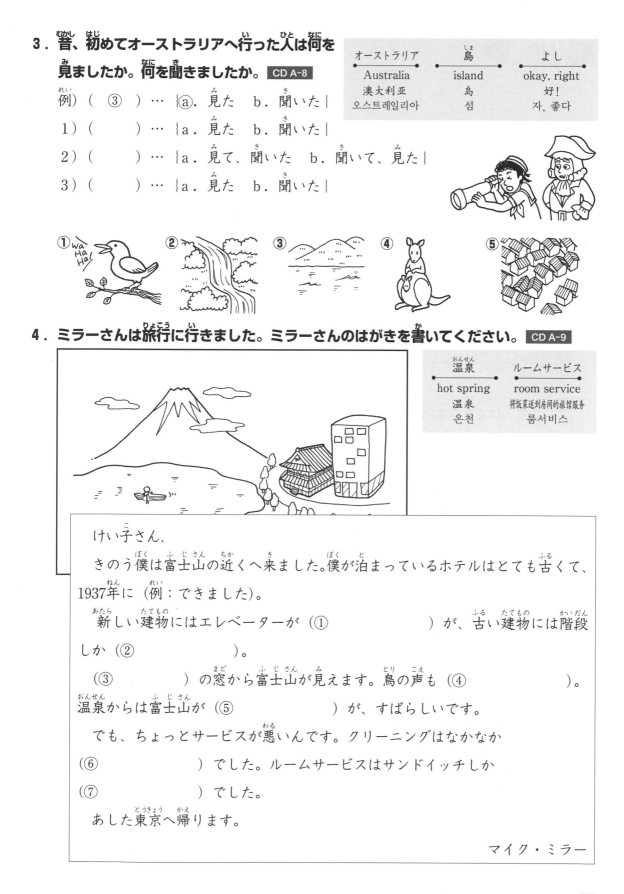

3. 昔、初めてオーストラリアへ行った人は何を見ましたか。何を聞きましたか。 `CD A-8`

オーストラリア	島	よし
Australia	island	okay, right
澳大利亚	島	好!
오스트레일리아	섬	자, 좋다

例)（ ③ ）… {ⓐ. 見た　b. 聞いた}

1)（　　）… {a. 見た　b. 聞いた}

2)（　　）… {a. 見て、聞いた　b. 聞いて、見た}

3)（　　）… {a. 見た　b. 聞いた}

① ② ③ ④ ⑤

4. ミラーさんは旅行に行きました。ミラーさんのはがきを書いてください。 `CD A-9`

温泉	ルームサービス
hot spring	room service
温泉	将饭菜送到房间的旅馆服务
온천	룸서비스

けい子さん、

　きのう僕は富士山の近くへ来ました。僕が泊まっているホテルはとても古くて、1937年に（例：できました）。

　　新しい建物にはエレベーターが（①　　　　　　　）が、古い建物には階段しか（②　　　　　　）。

　　（③　　　　　　）の窓から富士山が見えます。鳥の声も（④　　　　　　　）。温泉からは富士山が（⑤　　　　　　　）が、すばらしいです。

　　でも、ちょっとサービスが悪いんです。クリーニングはなかなか

（⑥　　　　　　　）でした。ルームサービスはサンドイッチしか

（⑦　　　　　　　）でした。

　　あした東京へ帰ります。

　　　　　　　　　　　　　　　　　　　　　マイク・ミラー

第 28 課

注意します
warn
提醒
주의를 줍니다

1. 先生が男の人に注意します。男の人はどうしますか。 CD A-10

わし	一生懸命
I	with all one's might
我	努力
나	열심히

2. おじいさんはどんな生活をしましたか。
   どちらですか。 CD A-11

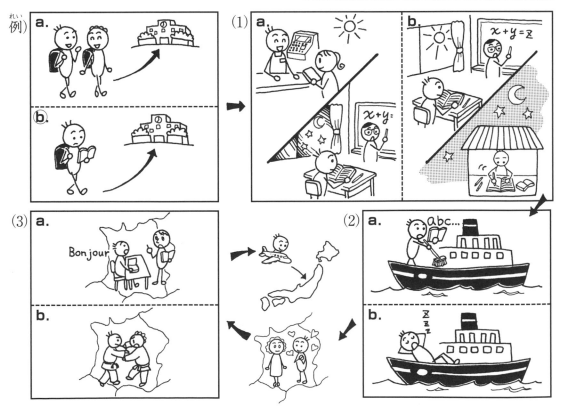

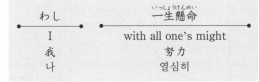

6

3. 学生の食事についてアンケートをします。学生の答えを書いてください。 `CD A-12`

アンケート	コンビニ	ラーメン	その他
questionnaire	convenience store	Chinese noodles	other
问卷调查	方便商店	面条	其他
앙케이트	편의점	라면	그밖

アンケート―学生の食事について―

例) 朝ごはんを食べますか。……　a．毎日　ⓑ．時々　c．全然

→　何を食べますか。……　（　パンとコーヒー　）

1) 昼ごはんを食べますか。……　a．毎日　b．時々　c．全然

→　どこで食べますか。……　（　　　　　）

→　何を食べますか。……　ラーメンや（　　　　　　　　）

2) 晩ごはんを食べますか。……　a．毎日　b．時々　c．全然

→　どこで食べますか。……　（　　　　　）

→　自分で料理しますか。……　a．毎日　b．時々　c．全然

3) 買い物……a．デパート　b．スーパー　c．コンビニ　d．その他

4. 会社の人はどちらを選びましたか。どうしてですか。 `CD A-13`

例) 新しい社員…｛a．黒井さん　ⓑ．赤井さん｝

① ｛a．英語　ⓑ．英語と中国語｝ができるから。

② ｛a．経済　ⓑ．中国｝のことをよく知っているから。

1) 社員旅行…｛a．北海道　b．沖縄｝

① ｛a．紅葉　b．海｝がきれいだから。

② ｛a．肉　b．魚｝がおいしいから。

2) 製品のコマーシャル…｛a．ヤッホー　b．スキップ｝

① ｛a．経験がある　b．ダンスと歌が上手だ｝から。

② ｛a．人気　b．将来｝があるから。

温泉	豚肉
hot spring	pork
温泉	猪肉
온천	돼지고기

コマーシャル	楽しみ
commercial	expectation
电视广告	期望
광고	즐거움

スキップ　　ヤッホー

第 29 課

注意します
point out
提醒
주의를 하게 합니다

1. 友達がいずみさんに注意しました。いずみさんはどうしますか。 `CD A-14`

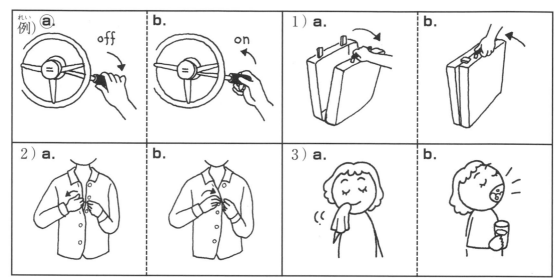

2. サントスさんはどうしてすぐ帰って来ましたか。 `CD A-15`

帰って来ます
come back
回来
돌아옵니다

展覧会
exhibition
展覧会
전람회

例) {ⓐ. とても込んでいた　b. 2時間待って、疲れた} から。

1) 図書館は {a. 休みだった　b. 休みだと思った} から。

2) {a. 美術館ではピカソの絵が見られなかった

　　　b. 美術館は閉まっていた} から。

3. デパートの人はどうして「こちらのをどうぞ」と言いましたか。 `CD A-16`

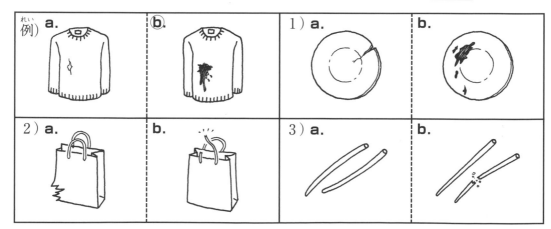

4. タワポンさんはすごい人です。どうしてですか。 `CD A-17`

例) ［ 10 ］分 …（ 昼ごはん ）を（ 食べた ）！

1) ［   ］時間…（   ）を（   ）！

2) ［   ］日 …（   ）を（   ）！

3) ［   ］週間…（   ）を（   ）！

すごい

5. ミラーさんはこれからどうしますか。 `CD A-18`

例)
a.
b. レストラン
c.

1)
a. IMC
b. IMC
c.

2)
a. IMC
b. IMC
c.

6. エドさんはよく小さい失敗をします。
何をしましたか。どうしますか。 `CD A-19`

しっぱい 失敗	けいたいでんわ 携帯電話	ひろ 拾います
mistake, blunder	mobile phone	retrieve
失败	手机	捡
실패	휴대전화	줍습니다

例)（ a ）を ｛なくした まちがえた｝・　　・①すぐ電話をかける

1)（   ）を ｛まちがえた 忘れた｝　・　　・②すぐ換えてもらう

2)（   ）を ｛なくした 落とした｝　・　　・③すぐ図書館へ行く

　　　　　　　　　　　　　　　　　　　　・④すぐ寮へ帰る

a. （本）　b. レポート　c. （携帯電話）　d. テレホンカード　e. （かばん）

1. 今、クララさんがいる茶室はどれですか。 `CD A-20`

	茶室 tea-ceremony room 茶室 다실

クララさんは（　　　）の茶室にいます。

2. 学生寮はどんな問題がありますか。その問題をどうしますか。 `CD A-21`

例）（　a　）→ [　④　]

1）（　　　）→ [　　　]

2）（　　　）→ [　　　]

3）（　　　）→ [　　　]

①取る
②捨てる
③片づけてもらう
④名前をロビーにはる
⑤並べる
⑥洗う

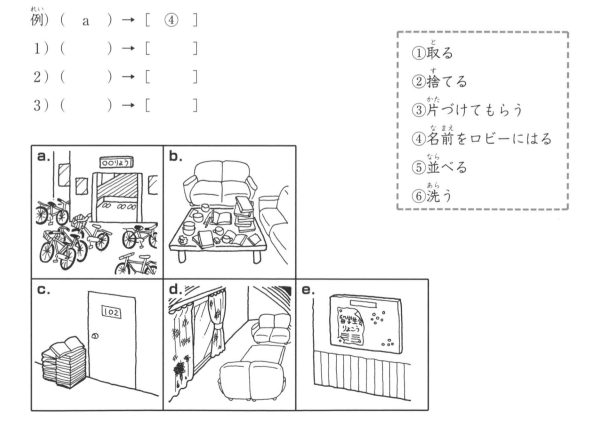

3. あさってスピーチコンテストがあります。もう準備したことと、これからすることは何ですか。 CD A-22

もう準備したこと…✓　これからすること…○

例)	スピーチを書く	(✓)
	スピーチを覚える	(○)
1)	いすを並べる	( )
	ポスターをはる	( )
	マイクを借りる	( )
2)	リストを作る	( )
	名前の読み方を聞く	( )
3)	プレゼントを買う	( )
	コンテストの部屋に置く	( )

スピーチ	コンテスト
speech	contest
演讲	比赛会
응변	대회

マイク	リスト
mike	list
麦克风	名单
마이크	리스트

4. ロボットと旅行に行きます。ロボットの名前は「アイモ」です。アイモは次のことをしますか。 CD A-23

ロボット	そのまま
robot	as ~ is
机器人	就那样
로봇	그대로

第 31 課

1. **男の人と女の人は展覧会に行きます。何をしますか。** CD A-24

例）男の人は展覧会に｛a．きょうは行かない　ⓑ．これから行く｝。

1）二人は　｛a．人が多いから　b．よく見えないから｝、

　　｛a．前へ行く　b．前へ行かない｝。

2）疲れたが、人が多いから、｛a．ちょっと休んで　b．全部見て｝、

　　｛a．休む　b．見る｝。

3）これから　｛a．喫茶店　b．美術館｝に入る。

2. **小山さんは来月転勤します。どうしますか。** CD A-25

例）
a. 東京（とうきょう）
b. 東京（とうきょう）
c. 東京（とうきょう）

1）a.　b.　c.

2）a.　b.　c.

3）
a. おもしろい！ 盆栽教室（ぼんさいきょうしつ） 土よう日 3:00～
b. はなしましょう！ ニーハオ 中国語教室（ちゅうごくごきょうしつ） 日よう日 10:00～
c. たのしいですよ！ 日曜大工教室（にちようだいくきょうしつ） 日よう日 10:00～12:00

3．山本君と坂口さんの将来の夢を書いてください。 CD A-26

質問	1）山本君	2）坂口さん
大学へ行きますか	例）はい　⟨いいえ⟩	① はい　　いいえ
何になりますか	料理人になりたい	（②　　　　）の医者になりたい
どうやってなりますか	（①　　　　）学校に入る。それから、ヨーロッパの（②　　　　）で働く。	動物学を勉強する
それから、何をしますか	日本で（③　　　　）を持つ	（③　　　　）と研究所を作る
何をしたいですか	みんなに（④　　　　）を食べてもらいたい	動物の（④　　　　）を研究したい

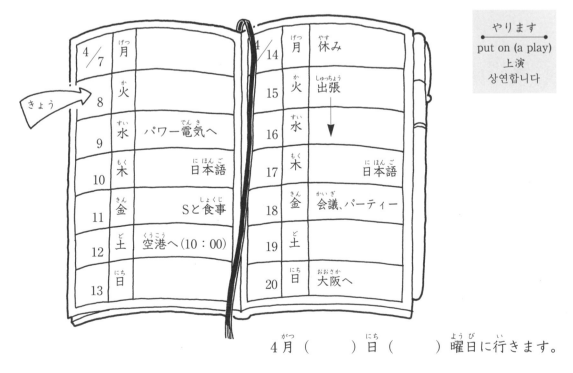

りょうりにん
料理人
chef
厨师
요리사

どうぶつがく
動物学
zoology
动物学
동물학

けんきゅうじょ
研究所
laboratory
研究所
연구소

4．ミラーさんはいつ歌舞伎に行きますか。手帳を見ながら決めてください。 CD A-27

やります
put on (a play)
上演
상연합니다

4/7	月（げつ）	
8	火（か）	きょう
9	水（すい）	パワー電気へ
10	木（もく）	日本語
11	金（きん）	Sと食事
12	土（ど）	空港へ（10：00）
13	日（にち）	

4/14	月（げつ）	休み
15	火（か）	出張
16	水（すい）	↓
17	木（もく）	日本語
18	金（きん）	会議、パーティー
19	土（ど）	
20	日（にち）	大阪へ

4月（　　　）日（　　　）曜日に行きます。

第 32 課

地震	注意	○を付けます	携帯電話
earthquake	advice	mark with a circle	mobile phone
地震	注意	划圈儿	手机
지진	주의	○를 칩니다	휴대전화

1. サントスさんは地震について注意を聞きました。どんな準備をしておきますか。

もし地震があったら、何をしなければなりませんか。○を付けてください。 `CD A-28`

〈準備〉

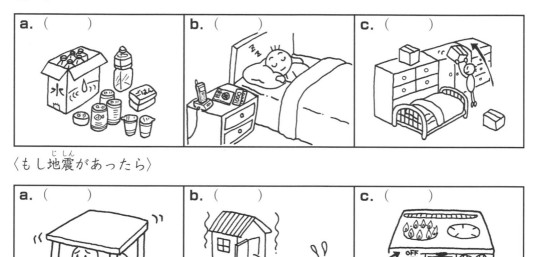

a. ( )　　　　b. ( )　　　　c. ( )

〈もし地震があったら〉

a. ( )　　　　b. ( )　　　　c. ( )

2. 隣の人は親切ですが、うるさいです。チンさんはどうしますか。 `CD A-29`

例) あしたから買い物は { ⓐ. スーパーで / b. コンビニで } する。

1) 大掃除に { a. 参加する。 / b. 参加しない。 }

2) 遅くなったとき、駅から { a. タクシーに / b. バスに } 乗る。

3) 田中さんに { a. 仕事を紹介してもらう。 / b. 仕事のことを相談する。 }

うるさい
meddlesome
爱唠叨
시끄럽다

コンビニ
convenience store
方便商店
편의점

大掃除
spring cleaning
大扫除
대청소

14

3．日本の将来について講義を聞きました。今はa、bのどちらですか。

将来は①、②のどちらになりますか。 CD A-30

老人	パーセント	米	GDP
old people	percent	rice	GDP, Gross Dometic Product
老人	百分之～	大米	国内生产总值
노인	퍼센트	쌀	국내총생산

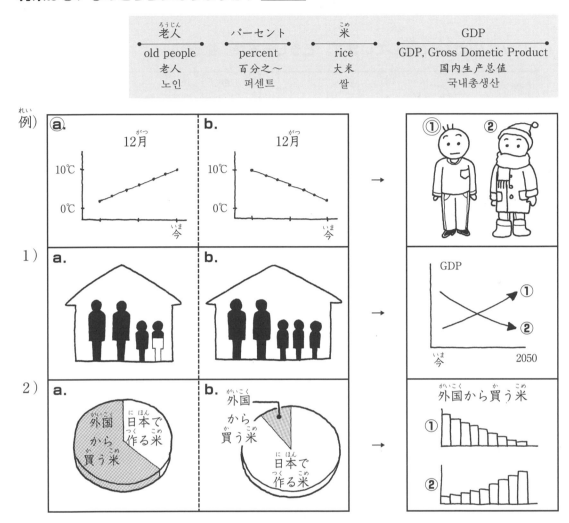

4．何を心配していますか。どうしますか。 CD A-31

かわいい
cute
可愛
귀엽다

例)（富士山が見えない）かもしれない　→　（　a　）

1）（　　　　　　　　　）かもしれない　→　（　　　）

2）（　　　　　　　　　）かもしれない　→　（　　　）

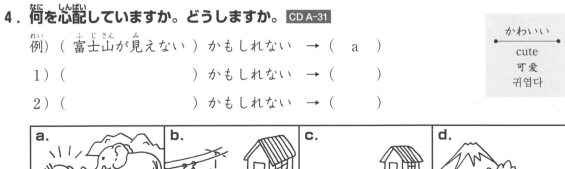

第 33 課

1. リンさんは課長と話しています。どうしますか。 CD A-32

**2. 何について話していますか。ケリーさんはこれから
どうしますか。** CD A-33

携帯電話	コンビニ
mobile phone	convenience store
手机	方便商店
휴대전화	편의점

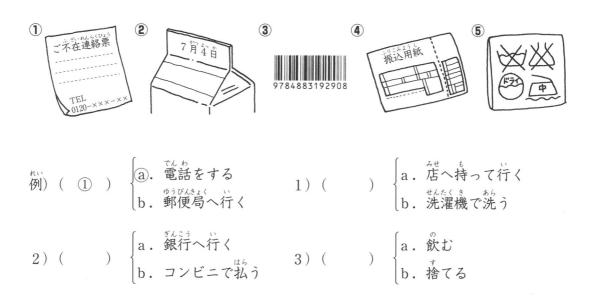

例) (①)
- a. 電話をする
- b. 郵便局へ行く

1) ( )
- a. 店へ持って行く
- b. 洗濯機で洗う

2) ( )
- a. 銀行へ行く
- b. コンビニで払う

3) ( )
- a. 飲む
- b. 捨てる

3. コンビニでアルバイトをしているとき、わからないことばを聞きました。どういう
意味ですか。 `CD A-34`

例) もたもたする ・　　　　　・a. 心配だ

1) きょろきょろする・　　　　・b. 仕事が遅い

2) はらはらする　　・　　　　・c. ゆっくり休む

3) ごろごろする　　・　　　　・d. いろいろな所へ行く

　　　　　　　　　　　　　　　・e. 何か探しながら周りを見る

運びます
carry, move
搬
나릅니다

4. どう伝えますか。いちばんいいメモを選んでください。 `CD A-35`

～と申します
My name is ～
叫～
～라고 합니다

例)
a. シュミットさんへ
　ミラーさん　　から
　あしたは1時から
　会議を始めます。

b. シュミットさんへ
　ミラーさん　　から
　あしたは朝から
　会議を始めます。

c. シュミットさんへ
　ミラーさん　　から
　あしたは会議を
　しません。

1)
a. 鈴木さん　　　　へ
　ミラーさん　　から
　ミラーさんに連絡
　してください。

b. 鈴木さん　　　　へ
　ミラーさん　　から
　松本部長に連絡
　してください。

c. 鈴木さん　　　　へ
　ミラーさん　　から
　社長に連絡して
　ください。

2)
a. 課長　　　　　　へ
　ミラーさん　　から
　10分ぐらい遅れます。

b. 課長　　　　　　へ
　ミラーさん　　から
　電車が遅れます。

c. 課長　　　　　　へ
　ミラーさん　　から
　20分ぐらい遅れます。

3)
a. 木村さん　　　　へ
　ミラーさん　　から
　あとで電話します。

b. 木村さん　　　　へ
　ミラーさん　　から
　5時に行きます。

c. 木村さん　　　　へ
　ミラーさん　　から
　5時まで会議を
　します。

1. a、b、cのどれですか。 CD A-36

例) a.
あかい
くらい
かるい

⑥.
あかい
くろい
かるい

c.
あかい
くろい
からい

1) a. 3867 b. 3861 c. 3161

2) 図

a. b. c.

3) a. b. c.

2.「学生交流会」のプログラムを作ってください。 CD A-37

交流会	プログラム
exchange meeting	program
交流会	程序
교류회	프로그램

学生交流会プログラム
4月23日（金）18：00〜
さくら大学学生寮

1.（例：b）　　6.（　　）
2.（例：a）　*
3.（　　）　*　7. メキシコのダンス
4.（　　）　*　8.（　　）
5.（　　）　*　9.（　　）
　　　　　　　10. みんなの歌

a. エドさんのスピーチ
b. 田中さんのスピーチ
c. 中国の歌
d. 韓国の歌
e. インドネシアの歌
f. タイのダンス
g. 柔道の試合
h. 日本の盆踊り

3．シュミットさんは病院へ行きました。どうしたらいいですか。 `CD A-38`

レントゲン
x-ray
X光线
뢴트겐

4．IMCの社長が新しい規則について話しています。
社員は次のことをしてもいいですか。 `CD A-39`

目標　　　　なくします
goal　　　　get rid of
目标　　　　消除
목표　　　　없애다

イーメール　　～度
e-mail　　　　～ degree
电子邮件　　　～度
이메일　　　　～도

してもいい……○　　してはいけない……×

例）（　○　）火曜日の朝、ミーティングをする。

(1)（　　）木曜日、７時まで働く。

(2)（　　）東京から大阪まで出張のとき、新幹線に乗る。

(3)（　　）作ったレポートをコピーして、ファクスで送る。

(4)（　　）夏は毎日エアコンをつける。

第 35 課

ことわざ
saying
谚语
속담

1. ことわざの意味を聞きました。どういう意味ですか。 CD B-1

例) (d)

さんにん
よれば
もんじゅの
ちえ

1) (　　)

いぬも
あるけば
ぼうに
あたる

2) (　　)

すめば
みやこ

3) (　　)

ちりも
つもれば
やまと
なる

2. うちを探しています。どれを借りますか。家賃はいくらですか。 CD B-2

(　　　) を借ります。家賃は (　　　　　) 円です。

3. カリナさんはボランティアガイドに京都を案内してもらいました。何をしましたか。どう思いましたか。どうしてですか。 `CD B-3`

例）桂離宮を ｛a. 見た　ⓑ. 見なかった｝。

　　申し込んで ｛a. おいた　ⓑ. おかなかった｝ から。

1）長刀鉾に ｛a. 乗った　b. 乗らなかった｝。

　　｛a. 女の人　b. 男の人｝ だから。

2）着物を着るとき、手伝って

　　｛a. もらった　b. もらわなかった｝。

　　｛a. 重い　b. 難しい｝ から。

3）このボランティアガイドは

　　｛a. とてもよかった　b. 役に立たなかった｝。

　　｛a. 京都のことがよくわかった　b. いろいろな人に会えた｝ から。

ボランティアガイド
volunteer guide
义务导游
자원봉사가이드

桂離宮

長刀鉾

舞妓

4. ミラーさんは何を見ますか。どこへ行きますか。 `CD B-4`

例）（　政治の中心　）［　③　］　　1）（　　　　　　　）［　　］

2）（　　　　　　　）［　　］　　3）（　　　　　　　）［　　］

中心
center
中心
중심

①鎌倉
②東京タワー
③国会議事堂
東京
④上野
⑤日光
東照宮
⑥成田

5. みんなのクイズです。正しい答えを選んでください。 `CD B-5`

例）a.　b.　ⓒ.　　1）a.　b.　c.

2）a.　b.　c.　　3）a.　b.　c.

クイズ	警官
quiz	policeman
智力竞赛	警察
퀴즈	경찰관

金のなる木	けんかします
money tree	quarrel
摇钱树	吵架
돈이열리는나무	싸웁니다

1. 山田さんの家にどんな物がありますか。どうしてありますか。 CD B-6

例) (a) •
1) ( ) •
2) ( ) •
3) ( ) •

• ①けんかしたとき、結婚したときのことを思い出す。
• ②いつでもどこでもすぐ字が読める。
• ③お金がたくさんうちへ来る。
• ④眼鏡をかけて出かけられる。
• ⑤出かけるとき、服が見られる。

a.   b.   c.   d.   e.

2. おじいさんと孫が話しています。

2人は今どうですか。 CD B-7

孫	おじいちゃん
grandchild	grandad
孙子	爷爷
손주	할아버지

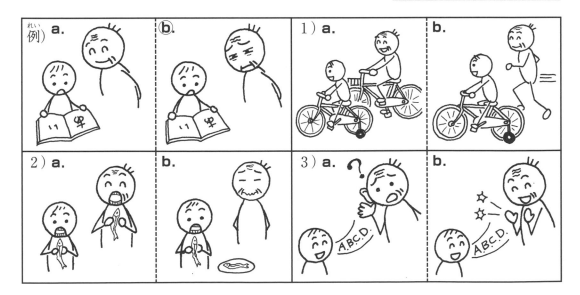

3. 小山さんはどうして引っ越ししますか。 CD B-8

今のうちは　例)窓から（　海が見えません　）から。

(1) ゆっくり（　　　　　　　　　　　　　）から。

(2) 子どもが外で（　　　　　　　　　　　）から。

4. 女優の原恵子さんはいつも何に、どうやって気をつけていますか。 CD B-9

女優	キロ	手袋	うがい
actress	kilo(meter)	glove	gargle
女演员	公里	手套	漱口
여배우	킬로	장갑	양치질

例)（　健康　）…［　a　］［　g　］　1)（　　　　　）…［　　　］［　　　］

2)（　　　　　）…［　　　］［　　　］　3)（　　　　　）…［　　　］［　　　］

5. 男の人はプールへ行きました。注意を聞いて、どうしますか。 CD B-10

注意
warning
注意
주의

23

第 37 課

お宅
house〈respectful〉
家〈敬語〉
댁〈존경〉

1. 高橋さんは会社の人と話しています。高橋さんに何がありましたか。 CD B-11

例）高橋さんは {a. 遅刻　ⓑ. 残業} しました。それで、部長は高橋さんを

　　{ⓐ. しかりました　b. しかられました}。

1）{a. 高橋　b. 渡辺} さんは映画のチケットをもらいました。それで、

　　{a. 高橋　b. 渡辺} さんを映画に誘いました。

2）部長が高橋さんを {a. 紹介　b. 招待} しました。それで、高橋さんは部長の

　　うちへ {a. 行きます　b. 行きません}。

3）部長は高橋さんにアメリカで新しい仕事を始めろと {a. 言いました

　　b. 言われました}。それで、高橋さんは {a. 出張　b. 転勤} します。

4）渡辺さんは高橋さんに結婚を {a. 申し込みました　b. 申し込まれました} が、

　　いっしょにアメリカへ行きたくないと {a. 言いました　b. 言われました}。

2. 海外旅行で困ったことについてラジオ番組で話しています。何がありましたか。

　　ポスターの絵の番号を書いてください。 CD B-12

バッグ	男
bag	man
手提包	男的
가방	남자

例）山田さん（ ② ）

1）小川さん（ 　 ）　2）鈴木さん（ 　 ）

危ない！　気をつけよう！　海外旅行

① ② ③
④ ⑤ ⑥

3．説明を聞いて、ロボット工場の見学レポートをまとめてください。 `CD B-13`

見学場所 けんがく ばしょ	トニー大阪工場 おおさかこうじょう	日時 にちじ	3月15日（火） がつ にち か 10:00～11:00
製品 せいひん	ドラポン：（例：猫）の形のロボット れい ねこ かたち		
生産台数 せいさんだいすう	（①　　　　　　　）台／1か月 だい げつ		
機能 きのう	1．いっしょに（②　　　　　） 2．人の仕事を（③　　　　　） ひと しごと 3．ことばを（④　　　　　） 4．歌を（⑤　　　　　） うた		
特長 とくちょう	特に（⑥　　　　　　　）とお年寄りに とく としょ 人気がある。 にんき 最近ファンクラブが作られた。 さいきん つく		

4．だれが何を作りましたか。見つけましたか。
なに つく み

先生の説明を聞いて、答えてください。 `CD B-14`
せんせい せつめい き こた

例）安藤忠雄が（　d　）を（　設計した　）。
れい あんどうただお せっけい

1）鳥羽僧正が（　　　）を（　　　　　　）。
とばそうじょう

2）武満徹が（　　　）を（　　　　　　）。
たけみつとおる

3）屋井先蔵が（　　　）を（　　　　　　）。
やいさきぞう

4）鈴木梅太郎が（　　　）を（　　　　　　）。
すずきうめたろう

a.

尺八
しゃくはち

b.

c.

d.

e.

f.

Vitamin B1

ロボット
robot
机器人
로봇

かわいい	お年寄り としょ
cute	the elderly
可爱	老人
귀엽다	노인

ファンクラブ	世界はひとつ せかい
fan club	The world is one.
爱好者倶乐部	世界是一个整体
팬클럽	세계는 하나

日時 にちじ	生産台数 せいさんだいすう
date and time	production figure
日期和时间	生产数量
일시	생산대수

機能 きのう	特長 とくちょう
function	good point
功能	特长
기능	특징

～という人 ひと	作曲家 さっきょくか
person named～	composer
叫～的人	作曲家
～라는 사람	작곡가

歴史 れきし	ビタミン
history	vitamin
历史	维生素
역사	비타민

第 38 課

1. 川田さんは将来どうしますか。 CD B-15

例）仕事……{a. 会社に入る　ⓑ. 会社に入らない}

（　ずっと同じ会社で働く　）のは（　おもしろくない　）から。

1）車……{a. ある　b. ない}

（　　　　　　　　　）のは（　　　　　　　　　）から。

2）結婚……{a. する　b. しない}

（　　　　　　　　　）のは（　　　　　　　　　）から。

3）子ども……{a. 欲しい　b. 欲しくない}

（　　　　　　　　　）のは（　　　　　　　　　）から。

2. 町の便利屋はいろいろな仕事をします。
便利屋の主人はどの社員に仕事を頼みますか。 CD B-16

例）（　d　）・　　・① 引っ越しの {a. 準備　b. 片づけ}

1）（　　　）・　　・② ⓐ 犬の散歩　b. 動物の世話}

2）（　　　）・　　・③ {a. おふろと台所だけ　ⓑ. 全部}の掃除

3）（　　　）・　　・④ {a. 食事してから　b. 食事しながら}

　　　　　　　　　　おしゃべり

便利屋
Helping Hands
方便服务公司
심부름 센터

主人
owner
老板
주인

片づけ
putting in order
收拾
정리

世話
care
照料
돌봄

3. チンさんはきのう何をしましたか。したことに〇を付けてください。 CD B-17

① (　　　　) パワー電気に会議の時間と場所を知らせた。

② (　　　　) パワー電気に会議は英語で行うと伝えた。

③ (　　　　) パワー電気に会議の資料とカタログを送った。

④ (　　　　) コピー機の電源を切った。

4. ミラーさんは日本について どんな情報を聞きましたか。 メモを書いてください。 CD B-18

情報 information 消息 정보	博物館 museum 博物館 박물관	琉球王国 Kingdom of Ryukyu 琉球王国 유구왕국	明治時代 Meiji Era 明治时代 명치시대

例) 昔、日本に（　恐竜　）がいた。
（　福井県　）に恐竜の博物館が ある。

恐竜

1) 京都の町は（　　　　）の 西安と同じデザインだ。京都の ほうが（　　　　）。

2) （　　　　）は昔、琉球王国という 国だった。
明治時代に（　　　　）になった。

3) 漢字は中国から来たが、（　　　　） から（　　　　）へ行った漢字の ことばもある。
例：電話、（　　　　）

5. みんなのクイズです。正しい答えはどれですか。 CD B-19

例) {a. エジプト　ⓑ. インド　c. イラン}

1) {a. 120年まえ　b. 1,200年まえ　c. 12,000年まえ}

2) {a. メキシコ　b. スペイン　c. フィリピン}

3) {a. テレビ　b. 自転車　c. 漫画}

チョウチョ

クイズ quiz 智力竞赛 퀴즈	仏教 Buddhism 佛教 불교
ヒント hint 提示 힌트	インダス川 River Indus 印度斯河 인더스강

第 39 課

宝くじ	当たります	幸せ［な］
lottery ticket	win	happy
彩票	中	幸福
복권	당첨됩니다	행복(한)

1. いろいろなことを経験した人が話します。その人に何と言ったらいいですか。 CD B-20

例）ⓐ. b. c.

1）a. b. c.

2）a. b. c.

3）a. b. c.

2.「学生相談室」へ来た人はどうして困っていますか。相談のあとで、

どうしますか。 CD B-21

相談室	クラス	友達でいます	メール
counseling room	class	be friends	e-mail
相谈室	班	做朋友	电子邮件
상담실	학급	친구로 있습니다	메일

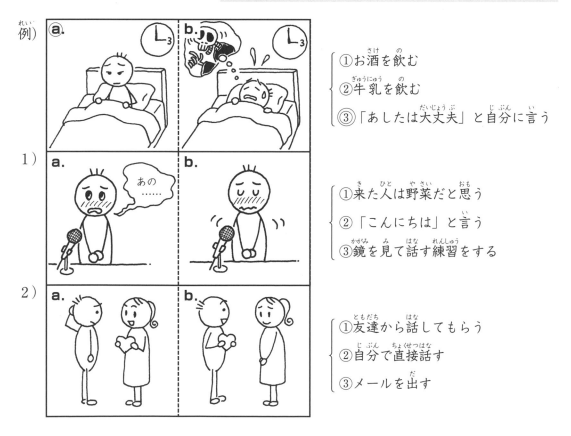

例）
- ①お酒を飲む
- ②牛乳を飲む
- ③「あしたは大丈夫」と自分に言う

1）
- ①来た人は野菜だと思う
- ②「こんにちは」と言う
- ③鏡を見て話す練習をする

2）
- ①友達から話してもらう
- ②自分で直接話す
- ③メールを出す

3. 世界の動物ニュースを聞いて、友達に伝えます。メモを書いてください。 CD B-22

	イルカ	猿	地獄谷	カンガルー
	dolphin	monkey	Jigokudani (name of hot spring)	kangaroo
	海豚	猴子	地獄谷(温泉名称)	袋鼠
	돌고래	원숭이	지옥계곡(온천명칭)	캥거루

例) 山下さんは（　交通事故　）でけがをして、入院した。犬の「はな」が
どこかへ行ってしまったが、山下さんが退院した ｛a.朝　ⓑ.次の朝｝
うちへ帰った。

1) 木下卓也君は（　　　　　）で、去年から学校へ行けなかったが、南の
島で ｛a.イルカをもらって　b.イルカと遊んで｝ 元気になった。

2) 冬、（　　　　　）で体が冷たくなった地獄谷の猿は温泉に入る。
温泉に入る ｛a.人を見て　b.人に聞いて｝、入るようになった。

3) オーストラリアのケビンさんは、木が（　　　　　）、動けなくなった。
カンガルーの「ジョーイ」が ｛a.家族に知らせた。　b.病院に運んだ。｝
それで、ケビンさんは大丈夫だった。

4. リンさんがしたいことは何ですか。ボランティア日本語教室の
川崎さんは何をしてあげますか。 CD B-23

	クラス
	class
	班
	학급

例) （　①　）… ｛a.水曜日のボランティアに連絡する。
　　　　　　　　ⓑ.木曜日のボランティアに連絡する。｝

1) （　　）… ｛a.電話番号を教える。
　　　　　　　b.いっしょに行く。｝

2) （　　）… ｛a.写真屋に頼む。
　　　　　　　b.写真をあげる。｝

3) （　　）… ｛a.近所の本屋で探す。
　　　　　　　b.インターネットで買う。｝

第 40 課

計画します	デジタルカメラ
plan	digital camera
计划	数码相机
계획하다	디지털카메라

1．タワポンさんとミゲルさんは北海道旅行を計画しています。
2人は何を見て調べますか。 CD B-24

例）（ a ）　1）（　　）　2）（　　）　3）（　　）

> a．地図　　　　b．カタログ　　　c．説明書
> d．ガイドブック（案内書）　　e．時刻表

2．留学生が日本の学生について調べます。留学生の意見を
聞いて、アンケートの質問を作ってください。 CD B-25

アンケート	パーセント
questionnaire	percent
问卷调查	百分之～
앙케이트	퍼센트

アンケート

例）・どうして今の（例：大学）に入りましたか。……………＿＿＿＿から
　　・大学を出たら、何をしたいですか。……………………＿＿＿＿＿

1）・両親と別々に（①　　　　　　）いますか。……………はい　いいえ
　　・1か月にいくらかかりますか。…………………………＿＿＿円ぐらい
　　・必要なお金は（②　　　　　　）にもらいますか。……はい　いいえ
　　・（③　　　　　　　　）をしていますか。……………はい　いいえ
　　・どんな（④　　　　　　　）をしていますか。…………＿＿＿＿＿

2）・毎日何時間（⑤　　　　　　　　）か。………………＿＿＿時間
　　・本を読むのが（⑥　　　　　）か。……………………はい　いいえ
　　・1か月に何冊ぐらい本を読みますか。…………………＿＿＿冊ぐらい

3）・彼や彼女がいますか。……………………………………はい　いいえ
　　・（⑦　　　　　　）たいですか。……………………はい　いいえ
　　・将来（⑧　　　　　　）が欲しいですか。…………はい　いいえ

30

3. お祭りに行きました。どの店で何をしますか。 CD B-26

いちばん
•———•
best
最
가장

例)（ ④ ）で ［ b ］

1)（   ）で ［   ］　　2)（   ）で ［   ］

3)（   ）で ［   ］　　4)（   ）で ［   ］

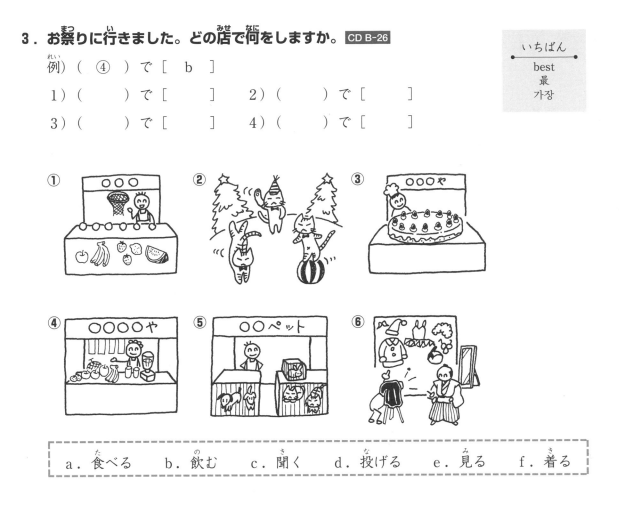

a. 食べる　　b. 飲む　　c. 聞く　　d. 投げる　　e. 見る　　f. 着る

4. キムさんはジャンさんにどちらのアドバイスをしますか。 CD B-27

アドバイス	セミナー
advice	seminar
建议	研讨会
어드바이스	세미나

例)ⓐ.　b.

1）a.　b.

2）a.　b.

3）a.　b.

第 41 課

1. 小川よねさんはだれに何をもらいましたか。何をあげますか。 `CD B-28`

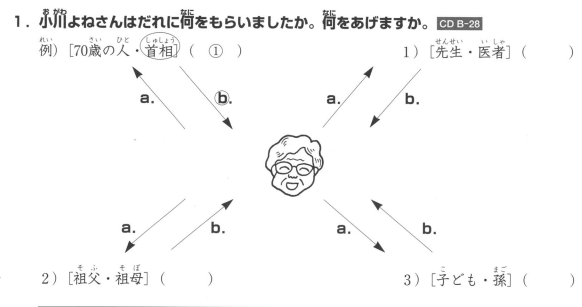

例）［70歳の人・首相］（　①　）　　　　1）［先生・医者］（　　）

　　　　a.　　b.　　　　a.　　b.

2）［祖父・祖母］（　　）　　　　3）［子ども・孫］（　　）

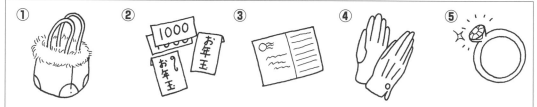

①　②　③　④　⑤

2. 先生と松本部長は何をしましたか。したことに○を付けてください。 `CD B-29`

1）先生は

　①（　　）山田君にピアノを教えた。

　②（　　）サッカーの試合のとき、山田君をしかった。

　③（　　）授業のとき、時々ゲームをした。

2）松本部長は

　①（　　）部下に「腹が減ってはいくさができぬ」の意味を説明した。

　②（　　）部下が病気になったとき、お見舞いに行った。

　③（　　）社員旅行のとき、部下に歌を歌えと言った。

思い出
- memories
回忆
추억

ゲーム
- game
游戏
게임

部下
- subordinate
部下
부하

3. 佐野さんは最近とても大変だと言っています。

どうしてですか。 `CD B-30`

嫁 よめ	背中 せなか
daughter-in-law	back
儿媳妇	脊背
며느리	등

4. サントスさんはデパートでいろいろ頼みました。

デパートの人は何をしますか。 `CD B-31`

例)（　a　）　1)（　　　）　2)（　　　）　3)（　　　）

第 42 課

見出し (みだし) headline 标题 표제	金メダル (きん) gold medal 金牌 금메달
アフガニスタン Afghanistan 阿富汗 아프가니스탄	女優 (じょゆう) actress 女演员 여배우

1. 留学生(りゅうがくせい)がいろいろな人(ひと)に話(はなし)を聞(き)いて、留学生新聞(りゅうがくせいしんぶん)に書(か)きます。見出(みだ)しを選(えら)んでください。CD B-32

例(れい)) (a) 1) ( ) 2) ( ) 3) ( )

a.
マラソンの大谷(おおたに)、オリンピックで金(きん)メダル！
次(つぎ)のオリンピックでも勝(か)つために、あしたから練習(れんしゅう)

b.
女優(じょゆう)の原恵子(はらけいこ)さん、小説家(しょうせつか)に
戦争反対(せんそうはんたい)を伝(つた)えるために

c.
トンダ自動車社長(じどうしゃしゃちょう)、アジアに工場(こうじょう)を建(た)てるために100億円(おくえん)

d.
人気音楽家(にんきおんがくか)・石井(いしい)さん、東京(とうきょう)から沖縄(おきなわ)へ
沖縄音楽(おきなわおんがく)を研究(けんきゅう)するために

e.
トンダ自動車社長(じどうしゃしゃちょう)、アジアの子(こ)どものために学校(がっこう)を

f.
女優(じょゆう)の原恵子(はらけいこ)さん、音楽家(おんがくか)と結婚(けっこん)するために
きょうアフガニスタンへ！

g.
歌手(かしゅ)の石井(いしい)さん、
沖縄(おきなわ)で新(あたら)しい生活(せいかつ)を始(はじ)めるために、仕事(しごと)をやめる予定(よてい)

2. 店でお客さんはどちらを選びましたか。 CD B-33

折りたたみます
fold
折叠
접다

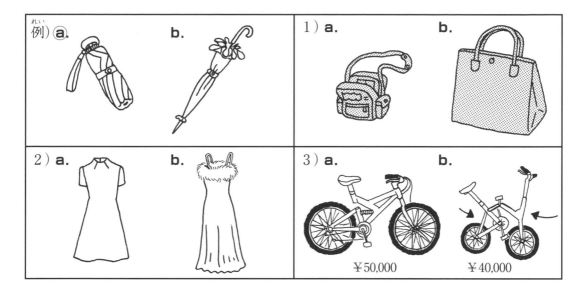

3. ニュースを聞いて、男の人と女の人が話しています。1のカップルと2のカップルは何にお金を使いますか。全部でいくらかかりますか。 CD B-34

カップル	平均	ウェディング・ドレス
couple	average	wedding dress
情侣	平均	结婚礼服
커플	평균	웨딩드레스

1) 結婚式 ⎫ 例) 300 万円
　　パーティー ⎭

　　旅行 _____ 万円

　　マンション _____ 万円

　　車 _____ 万円

　　家具と電気製品 _____ 万円

　　全部で _____ 万円

2) 結婚式 _____ 万円

　　パーティー _____ 万円

　　旅行 _____ 万円

　　マンション _____ 万円

　　車 _____ 万円

　　電気製品 _____ 万円

　　全部で _____ 万円

第 43 課

1. キャンプに行きます。男の人は何と言いますか。 CD C-1

例) a. ⓑ. c.

1) a. b. c.

2) a. b. c.

3) a. b. c.

2. テレビのインタビュー番組です。話を聞いて、正しいものを選んでください。 CD C-2

インタビュー	太陽エネルギー	空気	守ります	アイディア	台数
interview	solar energy	air	protect	idea	number of units
采访	太阳能	空气	保护	主意	辆数
인터뷰	태양에너지	공기	지키다	아이디어	대수

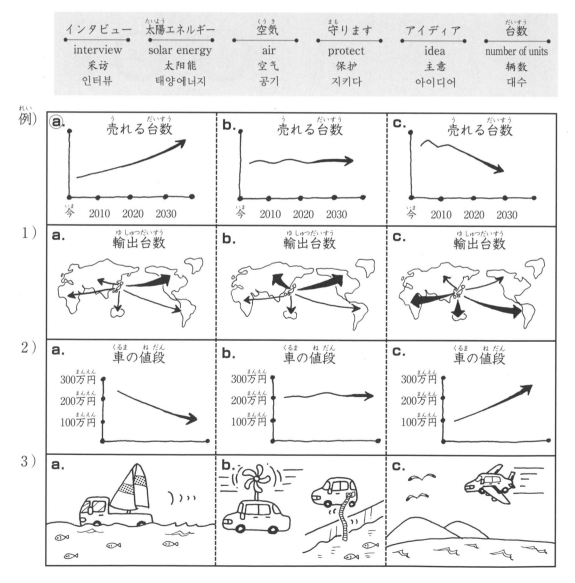

36

3．カリナさんとタワポンさんはどの人について話していますか。 CD C-3

4．きょうは会議があります。ミラーさんが行く
場所とすることを選んでください。 CD C-4

～室
～ room
～室
～실

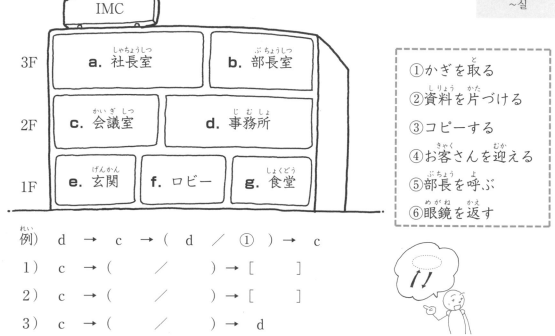

IMC

3F | a. 社長室 | b. 部長室
2F | c. 会議室 | d. 事務所
1F | e. 玄関 | f. ロビー | g. 食堂

①かぎを取る
②資料を片づける
③コピーする
④お客さんを迎える
⑤部長を呼ぶ
⑥眼鏡を返す

例）　d　→　c　→　（　d　／　①　）→　c

1）　c　→　（　　　／　　　）→　[　　　]

2）　c　→　（　　　／　　　）→　[　　　]

3）　c　→　（　　　／　　　）→　d

第 44 課

100円ショップ	美容院
hundred-yen shop	hairdresser's
(日本的)百元商店	美容院
100엔숍	미용실

1. 林さんは今どうですか。どうしますか。 `CD C-5`

例)（ b ）｛①アイスクリームを　②食べたい物を｝食べない。

1)（　　）｛①100円ショップへ　②買い物に｝行かない。

2)（　　）｛①もう映画を　②きょうテレビを｝見ない。

3)（　　）｛①自分で　②美容院で｝髪を切らない。

2. いいテレビ番組を作るために、どうしたらいいですか。 `CD C-6`

例1)（ ○ ）番組の途中でコマーシャルを入れない。

例2)（ × ）コマーシャルはやめる。

コマーシャル	アナウンサー
commercial	announcer
电视广告	播音员
광고	아나운서

(1)（　　）料理を教える番組はやめる。

(2)（　　）スポーツ番組をやめる。

(3)（　　）アナウンサーはかたかなのことばを絶対に使わない。

(4)（　　）アナウンサーはもう少しゆっくり話す。

(5)（　　）子どもに見せたい番組を作る。

3. いろいろな趣味の人に聞きました。どの人ですか。どんな意見ですか。 `CD C-7`

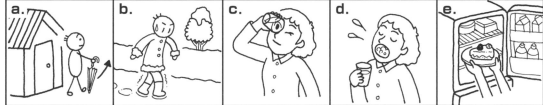

~拍子
~ beat
~拍
~박자

コース
course
路线
코스

例)（ c ） ３拍子の曲は（ 踊り ）｛やすい／~~にくい~~｝。

1)（　　）速い曲は（　　　　　　　）｛やすい／にくい｝。

2)（　　）町の中のコースは（　　　　　　　）｛やすい／にくい｝。

3)（　　）気持ちが優しい馬は（　　　　　　）｛やすい／にくい｝。

4. 天気予報を聞いて、どうしますか。 `CD C-8`

天気予報
weather forecast
天气预报
일기예보

例)（ b ）

1)（　　） 2)（　　） 3)（　　）

5. 女優の原恵子さんはメーキャップアーチストに頼みました。どの顔になりましたか。 `CD C-9`

（　　　　　）の顔になりました。

メーキャップアーチスト
makeup artist
化妆师
메이크업아티스트

鼻
nose
鼻子
코

6. 小山さんの家族は週末にどこへ行きますか。 `CD C-10`

（　　　　　）で（　　　　　　　）へ行く。

（　　　　　）と（　　　　　　　）を持って行く。

第 45 課

1. 留学生寮で管理人が話しています。

次の場合は、どうしたらいいか、メモをしてください。 `CD C-11`

例)
泥棒が（① 入った ）場合は、
・部屋を（② そのままにしておく ）。
・（③ 110番 ）に連絡する。

1)
交通事故にあわないように、
・雨の場合は、傘をさして自転車に
　（① 　　　　　　）。
交通事故にあった場合は、
・（② 　　　　　　）に電話する。
・ひどいけがをした場合は、
　救急車を（③ 　　　　　　）。

2)
（① 　　　　）が来た場合は、
・出かけない。
・部屋の窓を（② 　　　　）。
・（③ 　　　　）を中の方に
入れる。

3)
寮が（① 　　　　）になった場合は、
・（② 　　　　）から逃げる。
・119番に電話をする。
・（③ 　　　　）をした場合
は、伝える。

2. クララさんはお医者さんと話します。次の場合は、どうしたらいいですか。 `CD C-12`

例)（ 熱が高くない ）場合 …（ a ）

1)（ 　　　　　　）場合 …（ 　 ）

2)（ 　　　　　　）場合 …（ 　 ）

3)（ 　　　　　　）場合 …（ 　 ）

様子を見ます
wait and see
看样子
상태를 지켜봅니다

a. 　　b. 　　c. 　　d. 　　e.

３．ジャンさんはどんなことを経験しましたか。それについてどう思っていますか。 `CD C-13`

例）（ a ）…［ ① ］

1）（ 　 ）…［ 　 ］

2）（ 　 ）…［ 　 ］

3）（ 　 ）…［ 　 ］

アナウンス	化粧	席を替わります
announcement	makeup	give up one's seat
广播	化妆	让座
안내방송	화장	자리를 양보합니다

①おかしい？？？
②恥ずかしい……。
③つまらない！
④よくない！
⑤うるさい！！！

４．次の人はどんな不満を言っていますか。

どうなったらいいと思っていますか。 `CD C-14`

不満	ひどい
grievance	terrible
不满	太过分
불만	심하다

例）（ 英語を勉強した 　 ）のに、アメリカに転勤できなかった。→（ 　 a 　 ）

1）（ 　　　　　　　　 ）のに、給料が男の人より低い。　　　→（ 　　 ）

2）（ 　　　　　　　　 ）のに、お金が払われなかった。　　　→（ 　　 ）

3）（ 　　　　　　　　 ）のに、授業がない。　　　　　　　　→（ 　　 ）

第 46 課

1. <ruby>先生<rt>せんせい</rt></ruby>がビデオを<ruby>見<rt>み</rt></ruby>せながら<ruby>話<rt>はな</rt></ruby>しています。
   <ruby>先生<rt>せんせい</rt></ruby>がビデオを<ruby>止<rt>と</rt></ruby>めて、<ruby>説明<rt>せつめい</rt></ruby>したのはどの<ruby>場面<rt>ばめん</rt></ruby>ですか。 CD C-15

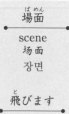

	<ruby>場面<rt>ばめん</rt></ruby>
	scene
	场面
	장면

アホウドリ	<ruby>巣<rt>す</rt></ruby>	<ruby>卵<rt>たまご</rt></ruby>を<ruby>産<rt>う</rt></ruby>みます	<ruby>飛<rt>と</rt></ruby>びます
albatross	nest	lay an egg	fly
信天翁	鸟巢	生蛋	飞
신천옹(바보새)	둥지	알을 낳습니다	납니다

2. <ruby>電話<rt>でんわ</rt></ruby>で<ruby>話<rt>はな</rt></ruby>しています。<ruby>男<rt>おとこ</rt></ruby>の<ruby>人<rt>ひと</rt></ruby>は<ruby>何<rt>なん</rt></ruby>と<ruby>言<rt>い</rt></ruby>いますか。 CD C-16

<ruby>例<rt>れい</rt></ruby>) ⓐ. b. c.　1) a. b. c.

2) a. b. c.　3) a. b. c.

3．エドさんは女の人と話します。どれが正しいですか。 CD C-17

例) エドさんはおなかが
- a．すいています。
- ⓑ．すいていません。
- c．痛いです。

1) エドさんはトニーの
- a．パソコンに慣れています。
- b．パソコンの使い方がよくわかります。
- c．パソコンにまだ慣れていません。

2) エドさんは
- a．1か月に3回出張しました。
- b．3か月まえに、会社に入りました。
- c．まだ仕事ができません。

3) いずみさんは
- a．ずっとまえに、結婚したので、
- b．ちょっとまえに、結婚しましたが、
- c．病気になりましたから、

もう離婚したいと思っています。

4．ミラーさんは会社の人の質問に答えます。どちらが正しいですか。 CD C-18

例) ⓐ． b.

1) a． b.

2) a． b.

3) a． b.

第 47 課

マイホーム
one's own house
小家庭
마이홈

1. 男の人はどのはがきを見て話していますか。 CD C-19

例)（ b ） 1)（　　　） 2)（　　　）

a.	b.
先月、引っ越ししました。 小さいですが、二人のマイホームです。 暇なとき、遊びに来てください。	結婚しました！ 若い二人ですが、よろしくお願いします。

c.	d.
こんにちは。 4月に男の子が生まれました。 名前は太郎です。 顔を見に来てください。	先日はお見舞いに来てくださって、ありがとうございました。 おかげさまで、先週退院しました。

2. ミラーさんはニュースやアナウンスを聞いて、会社の人に伝えました。正しく伝えているのはa、bのどちらですか。 CD C-20

例)（ b ）

1)（　　　）

2)（　　　）

広島
東京
大阪
九州
沖縄

アナウンス
announcement
广播
안내방송

上陸します
make landfall
上陆
상륙합니다

ただ今
at present
现在
방금

手術
surgery
手术
수술

3. 友達に聞いたことをまとめてください。 CD C-21

例)（ テレビ ）によると、ある病院で手術をした人が、調子が悪いので、もう一度診てもらったら、おなかの中から｛a．薬　ⓑ．はさみ｝が見つかったそうだ。

1) （　　　　　　　　　　）によると、（　　　　）で作られた橋で、
　　｜a. 日本　b. 世界｜でいちばん長いのが静岡県にある。
　　長さは｜a. 1879　b. 897｜メートルだそうだ。

2) （　　　　　　　　　）によると、男の人が東京タワーから1万円札を
　　100枚｜a. 投げた　b. 拾った｜。警察が集めたが、
　　（　　　　　）円しか集まらなかったそうだ。

3) （　　　　　　　　）によると、日本で｜a. 大阪　b. 東京｜の人が
　　いちばん歩くのが速い。電話をしながら歩いても、速さは
　　｜a. 20パーセントしか変わらない　b. 同じだ｜そうだ。

東京タワー
Tokyo Tower
东京塔
동경타워

パーセント
percent
百分之～
퍼센트

4. 古いアパートではいろいろな音が聞こえます。聞いた人は何の音だと思いましたか。
ほんとうは何でしたか。 CD C-22

ほんとうは
actually
其实
사실은

例）（　a　）… ［　i　］
1）（　　　）… ［　　　］
2）（　　　）… ［　　　］
3）（　　　）… ［　　　］
4）（　　　）… ［　　　］

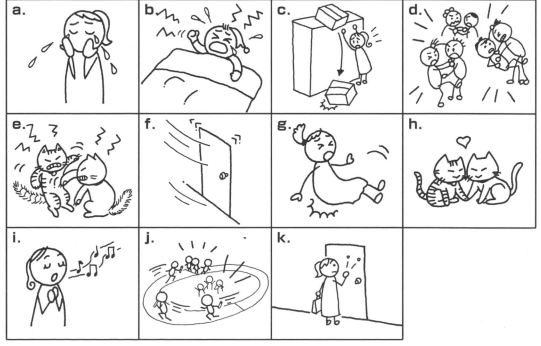

第 48 課

あなた ● ─ darling ─ 哎 ─ 여보

1. 小山さんの奥さんは家族にどんなことをさせていますか。

そうしたら、家族はどうなりますか。 `CD C-23`

例）一郎君に ｛a. 運動　b. 食事｝ を （　させます　）。　　　→［　①　］

1）ご主人に ｛a. 仕事　b. ジョギング｝ を （　　　　　）。→［　　　］

2）次郎君を ｛a. プール　b. 海｝ へ （　　　　　　　）。　　→［　　　］

3）三郎君に ｛a. テレビ　b. 本｝ を （　　　　　　）。　　　→［　　　］

4）はる子ちゃんに ｛a. 野菜　b. 肉｝ を （　　　　　　　）。　→［　　　］

2. いろいろな店にお客が電話をかけます。だれが何をしますか。 `CD C-24`

例）（　③　）…パソコンを ｛a. 修理します。
　　　　　　　　　　　　　b. 持って来ます。

ノートパソコン ● ─ センター
laptop computer ─ center
笔记本电脑 ─ 中心
노트북컴퓨터 ─ 센티(회관)

1）（　　　）…あした荷物を ｛a. 見に行きます。
　　　　　　　　　　　　　　b. 運びます。

2）（　　　）…CDを ｛a. 届けます。
　　　　　　　　　　　b. 送ります。

3）（　　　）…すぐ車を ｛a. 運転します。
　　　　　　　　　　　　b. 見に行きます。

①係の人　②お客　③専門の人　④電話で話している人　⑤センターの人

3． クララさんは隣の奥さんと子どものことを話しています。2人の子どもは次のことができますか。 CD C-25

<table>
<tr><td>バイオリン</td></tr>
<tr><td>violin</td></tr>
<tr><td>小提琴</td></tr>
<tr><td>바이올린</td></tr>
</table>

できる……○　　できない……×

例)（　×　）ハンス君はテレビをずっと見る。

1)（　　）隣の息子さんは犬を飼う。

2)（　　）ハンス君はバイオリンを習う。

3)（　　）隣の娘さんはことし、留学する。

4． マリアさんはどんなことを頼みましたか。うまくいった場合は、○を、だめな場合は、×を書いてください。そして、次にすることを書いてください。 CD C-26

<table>
<tr><td>バザー</td></tr>
<tr><td>bazaar</td></tr>
<tr><td>甩卖</td></tr>
<tr><td>바자</td></tr>
</table>

例) ⓐ．10月10日に運動会をする。
　　b．10月10日にマラソンをする。　　（　×　）→（　　みんなと相談する　　）

1) a．台所を使う。
　 b．料理を売る。　　（　　）→（　　　　　　　　　）

2) a．ポスターをかく。
　 b．ポスターをはる。　　（　　）→（　　　　　　　　　）

3) a．パーティーをする。
　 b．車を止める。　　（　　）→（　　　　　　　　　）

第 49 課

プロジェクト	メール
project	e-mail
项目	电子邮件
프로젝트	메일

1. ミラーさんは電話で大阪本社の松本部長と話します。松本さんはどんな予定ですか。 CD C-27

例)（ 金曜日 ）に東京へ（ 来る ）。

1) 新幹線で（　　　　）ごろ東京に（　　　　）。

2) 会議でプロジェクトについて（　　　　　　）。
   資料の準備は松本部長が（　　　　　　）。

3)（　　　　　　）のあとで、マフーへ（　　　　　　）。

4) 夜、東京で（　　　　　　）から、大阪へ（　　　　　　）。

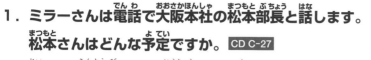

2. 社長の答えはどうでしたか。 CD C-28

例) 本を（ 読んだ ）。

1) お酒を（　　　　　　）。

2) マフーの新しい部長に（　　　　　　）。

3) 夏休みにハワイでうちを（　　　　　　）。

おもしろかったね。

ハワイ
Hawaii
夏威夷
하와이

3. ワット先生は留守電のメッセージを聞いて、何をしますか。 CD C-29

例) ⓐ. 小林先生に電話をかける。
   b. 小林先生のうちへ行く。

1) a. キムさんに電話をかける。
   b. キムさんのメールを見る。

2) a. ホテルの部屋を予約する。
   b. 食事に行けるかどうか、あしたの予定を調べる。

3) a. 都合がいい日を調べて、電話する。
   b. 荷物を取りに行く。

4) a. イーさんに電話をかけて、「よろしく」と言う。
   b. 小林さんに会ったら、イーさんのことばを伝える。

留守電	メッセージ	ピーという音のあとに
answerphone	message	after the beep
留言电话	留言	听到信号音后
자동응답전화	메시지	피-라는소리의다음에

セミナー
seminar
研讨会
세미나

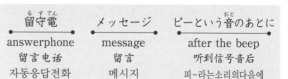

ワット

4．シュミットさんは松本さんのうちへ行きました。何をしますか。 CD C-30

5．結婚式でスピーチを聞きました。どんな人ですか。

（　　）にことばを書いてください。 CD C-31

新郎	新婦	手伝いをします
bridegroom	bride	help
新郎	新娘	帮忙
신랑	신부	돕습니다

(1) 鈴木　康男	(2) 鈴木　あけみ
東京で（例：生まれた）。	（①　　　　　　　　）で生まれた。
（①　　　　　　　　）のとき、アメリカへ	さくら大学を（②　　　　　　　　）。
（②　　　　　　　　）。	大学のとき、（③　　　　　　　）へ木
富士大学で（③　　　　　　　）を勉強	を植えに行った。（④　　　　　　　　）
した。IMCに（④　　　　　　　　）から、	で困っている人の手伝いをした。
（⑤　　　　）年目にアメリカに	パワー電気に（⑤　　　　　　　　）。
（⑥　　　　　　　　）。	趣味は（⑥　　　　　　　）だ。
去年、日本へ帰った。	将来、世界の（⑦　　　　　　　）に
趣味は（⑦　　　　　　　）ことだ。	（⑧　　　　　　　）を教えたい。
(3)二人は去年の（①　　　　　　　）に友達の（②　　　　　　　）で初めて（③　　　　　　　）。	

第 50 課

1. マリアさんはどんなサービスをしてもらいますか。 CD C-32

例)（ a ）1)（　　　）2)（　　　）3)（　　　）4)（　　　）

2. インタビュー番組を聞きます。きょうのお客様はどんな人ですか。 CD C-33

かめ

インタビュー	いじめます	助けます	お城
interview	bully	save	castle
采访	欺负	救	城堡
인터뷰	괴롭힙니다	돕습니다	성

		お姫様	煙
		princess	smoke
		公主	烟
		아가씨(소저)	연기

浦島太郎は（例1）珍しい ）｛例2）ａ．実験　ⓑ．経験｝をした。

　ある日、海岸で（（1）　　　　　）を助けて、海の中のお城に招待された。お姫様にお土産をもらって帰ったが、うちはなかった。悲しくなって、お土産の（（2）　　　　　）を開けた。中から煙が出て、太郎は ｛（3）ａ．年を取って　ｂ．病気になって｝ しまった。海に戻って、お姫様と、｛（4）ａ．結婚した　ｂ．結婚しなかった｝。

　今の世界は ｛（5）ａ．平和だ　ｂ．平和じゃない｝ と思っている。子どもたちのために、（（6）　　　　　）がない世界を作らなければならないと考えている。

3. ミラーさんは会話のあとで、何をしますか。 `CD C-34`

例) 森さんに
- ⓐ. 電話をかける。
- b. 電話をかけてもらう。

1) 森さんが
- a. 電話で話しているので、待つ。
- b. 電話が終わったので、話す。

2)
- a. 森さんの会社へ行く。
- b. 森さんをレストランで待つ。

3)
- a. 森さんの連絡を待つ。
- b. 森さんに連絡をする。

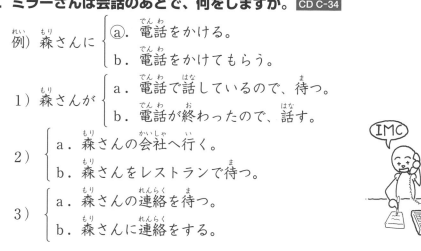

4. いろいろなアナウンスを聞きました。どうしなければなりませんか。 `CD C-35`

アナウンス	お呼び出しを申し上げます	お越しください	ご遠慮ください	たいへん
announcement	Paging 〜	Please make your way to〜	Please refrain〜	very
广播	广播找人	请过来	请不要〜	非常
안내방송	호출합니다	오십니다	삼가합니다	무척

例) a. b.

1) a. b.

2) a. b.

3) a. b.

みんなの日本語シリーズ

価格は税込みです

みんなの日本語 初級I 第2版

[以下順次刊行予定]
翻訳・文法解説 ポルトガル語版、スペイン語版、ドイツ語版、フランス語版、
イタリア語版、ロシア語版、タイ語版、インドネシア語版、ベトナム語版、韓国語版

みんなの日本語 中級I

みんなの日本語 中級II

スリーエーネットワーク

ホームページで新刊や日本語セミナーをご案内しております。
http://www.3anet.co.jp/

著者　牧野昭子　財団法人海外産業人材育成協会（HIDA）　日本語講師
　　　田中よね　神戸大学留学生センター　非常勤講師
　　　北川逸子　龍谷大学経営学部　教授

翻訳　中国語　徐前
　　　韓国語　JAYAランゲージセンター　崔明淑
　　　　　　　金三順（「学習者の皆さんへ」）

本文イラスト
　　　向井直子

表紙イラスト
　　　さとう恭子

表紙デザイン
　　　小笠原博和

みんなの日本語初級II
聴解タスク25

2005年3月18日　初版第1刷発行
2012年12月3日　第9刷発行

著　　者　牧野昭子　田中よね　北川逸子
発行者　小林卓爾
発　　行　株式会社スリーエーネットワーク
　　　　　〒102-0083　東京都千代田区麹町3丁目4番
　　　　　トラスティ麹町ビル2F
電　　話　営業　03(5275)2722
　　　　　編集　03(5275)2725
　　　　　http://www.3anet.co.jp/
印　　刷　倉敷印刷株式会社

ISBN978-4-88319-337-0　C0081

落丁・乱丁本はお取り替えいたします。
本書の全部または一部を無断で複写複製（コピー）することは著作権法上での例外を除き、禁じられています。